Liebe Leserinnen und Leser!

Spätestens seit Papst Franziskus ist der Heilige von Assisi wieder ins Blickfeld geraten. Seine Ausstrahlung hat bis heute nichts von ihrer Liebenswürdigkeit und Größe verloren. Schon zu seiner Zeit, im 13. Jahrhundert, ist er eine faszinierende Gestalt, von der erstaunliche Anregungen ausgehen. Gleichzeitig zeigt sich sein Weg herausfordernd und radikal. Franziskus, der reiche Kaufmannssohn, wird arm, verlässt seine Familie, mischt eine satt gewordene Kirche auf. Er zieht Menschen an, er singt das Gotteslob in bunten Tönen und erleidet das Dunkel von Schmerz, Unverständnis und Ausgrenzung. Er weiß, wie sich überwältigendes Glück anfühlt, und wie die Einsamkeit schmeckt. Sein Leben ist äußerlich arm, aber innerlich reich und weit zugleich. Dabei wächst der Ruf Gottes in ihm klein wie ein Samenkorn, so wie es oft die großen Dinge eines Lebensweges sind, die unscheinbar und verborgen beginnen. Diesen verborgenen Anfängen immer wieder trauen zu dürfen, macht hoffnungsfroh und lebendig.

So wollen auch die vorliegenden Texte wie Samenkörner sein, die das Vielerlei des Alltags unterbrechen und zum Innehalten einladen. Wo sie auf guten Boden, in offene Ohren und empfängliche Herzen fallen, dort mögen sie Frucht bringen; kleine Gedankenbegleiter und Mutmachzeilen, die man immer wieder mal lesen kann. Sie wurden als Wochenimpulse für die Mitarbeiterinnen und Mitarbeiter der Regens-Wagner-Stiftungen geschrieben und können nun weiter wirken und wachsen.

Viel Freude beim Lesen und Nachsinnen!

Dr. Elisabeth Thérèse Winter

Dr. Elisabeth Thérèse Winter
Theologische Referentin der Regens-Wagner-Stiftungen

Rainer Remmele

Rainer Remmele
Geistlicher Direktor der Regens-Wagner-Stiftungen

Sr. M. Gerda Friedel

Sr. Gerda Friedel
OSF, Provinzoberin der Dillinger Franziskanerinnen in den Regens-Wagner-Stiftungen

Wunder der Natur

„Schau Dir die Wunder der Natur an!"

Jedes Jahr dürfen wir es neu erleben: die Tage werden wieder länger, das Licht wieder kräftiger. Auch wenn es noch eine Weile hin ist, bis der Frühling zur Entfaltung kommt, so lockt die Natur schon wie ein Versprechen: die Welt wird wieder farbig und bunt. Hingerissen vom Licht und der Sonne dichtet Franziskus sein wohl berühmtestes Lied, den Sonnengesang. Er lobt darin die Schöpfung, weil er sie liebevoll wahrnimmt. Als sinnenfroher, aufmerksamer Mensch geht er nicht wie blind an allem vorüber, sondern erkennt in der Schönheit der Farben, der Gestirne, der Blumen, Bäume und Tiere den, der all das gemacht hat. Franziskus ist immer wieder überwältigt von der Fülle der umbrischen Landschaft mit ihrer Schönheit und ihrem Licht. „Schau dir die Wunder der Natur an", ruft er Clara zu. Alles ist ihm ein Bild für Gott, der sich darin verbirgt und doch zeigt.

Wir Heutigen tun uns da oft schwer. Über Gott können wir nicht so freudig Auskunft geben wie ein Franziskus. Aber dass Schönheit unser Herz erreicht, darin können wir zu Geschwistern des Heiligen Franz werden. Diese Woche kann ich einmal aufmerksam schauen, spüren, riechen, hören, wenn mich die Sonne wärmt, wenn ich ein erstes Schneeglöckchen entdecke, den ersten Vogel zwitschern höre ...

Achtsam und zärtlich sein

Franziskus lobt Gott nicht nur in der Schöpfung, sondern geht auch behutsam und achtsam damit um, ob es nun Tiere, Pflanzen oder Menschen sind. Viele, die ihm begegnet sind, waren berührt von der Zärtlichkeit, die er ausstrahlte. Manche Legende erzählt, wie er ohne Angst einen Wolf zähmte, den Vögeln predigte, mit Blumen sprach. Alle Geschöpfe redete er als Schwestern und Brüder an. Sie waren ihm kostbar. Aber nicht nur das: Indem er sie als Mitgeschöpfe liebte, machte er auch deutlich, dass er sie in ihrem Eigenwert akzeptierte. Der Mensch hat deshalb die Aufgabe zu schützen, zu hüten und zu bewahren, nicht auszubeuten und zu zerstören, wie wir das heute leider so oft erleben.

In Franziskus finde ich einen Bruder, der mir zeigt, wie ich behutsam und sorgfältig mit den Dingen meines Alltags umgehe: Das können ganz praktische Gegenstände sein, in meinem Büro, in meiner Küche oder in den Gruppenräumen. Natürlich auch die Menschen, die mir an die Seite gestellt sind, meine Kollegen, die Bewohner meiner Gruppe, in der Schule, Werkstatt oder Pflege. Sehe ich sie überhaupt? Interessiert es mich, wie es ihnen geht? Diese Zärtlichkeit, die auch die Grenzen des anderen spürt und bewahrt, könnte mich diese Woche in meinem Alltag einmal leiten und mir die Augen öffnen.

Vom Löwenzahn lernen

Wer erinnert sich nicht daran? Als Kind war es ein Vergnügen, die Pusteblumen zum Fliegen zu bringen. Was für ein Wunder! Dass der Löwenzahn uns auch etwas über das Leben lehrt, entdecke ich bei Clara und Franziskus. Als die beiden einmal spazieren gehen, leuchtet ihnen eine goldgelbe Löwenzahnwiese entgegen. Beide lassen sich anrühren und bleiben stehen. Clara ist es, die als Erste versteht: Der Löwenzahn blüht verschwenderisch und fragt doch nicht, warum und wozu! Er ist einfach da, in seiner Schönheit, in seiner Schlichtheit, er will nichts erreichen oder mehr darstellen, als er ist. Er zerbricht sich nicht den Kopf, warum er keine Rose geworden ist, oder ob er sich als Löwenzahn noch optimieren sollte, um effektiver zu blühen. Er ist mit seinem Löwenzahn-Dasein einverstanden. Franziskus begreift: Wie so viele andere Geschöpfe lebt diese Pflanze nach ihrem inneren Gesetz und findet so zu sich selbst. Das mag uns heute wie ein Luxus vorkommen. Aber wenn ich entdecke, dass es eigentlich das Wichtigste ist, dass ich so lebe, wie Gott mich gemeint hat, dann darf ich mich auch hin und wieder an mir selber freuen. Und vertrauen, dass es gut ist, auch wenn noch vieles unfertig scheint. Ich kann mir diese Woche eine Blume in eine Vase stellen und mich von ihr erinnern lassen, dass ich *einfach* sein und einfach *sein* darf.

REBEL

Gelobt seist Du …

So beginnen alle Strophen des Sonnengesangs, diese gesungene Predigt des Hl. Franziskus (neues GL 19,2). Alle Geschöpfe feuert er an, Gott zu loben. Nicht aus naiver Naturverbundenheit, sondern weil ihm am Ende seines Lebens, als er dieses Lied dichtet, mitten in seiner Einsamkeit und Krankheit (er erblindet zunehmend) aufgeht, wie gefährdet und überaus kostbar die Schöpfung ist. Im Loben drückt er seine tiefe Liebe zu seinem Herrn aus, zeigt er seine Dankbarkeit und Verbundenheit. Und er sagt „Ja" zu dieser Welt, zu diesem Leben.

„Nicht geschimpft, ist genug gelobt", so weiß es der Volksmund. Dass das nicht stimmt, wissen wir aber auch. Wer lobt, bricht die dumpfe Gleichgültigkeit auf und zeigt, dass so vieles am Tag, was wir erleben, alles andere als selbstverständlich ist: Dass wir uns bewegen können, dass wir einander haben, dass wir satt werden dürfen und dass wir Wärme in diese Welt bringen können mit Gesten, Worten und Ideen … Loben macht nicht nur den anderen glücklich, es beschenkt mich auch selbst; diese Woche versuche ich es mal: Dem anderen sagen: „Hast Du gut gemacht!"; mich selber loben, wenn ich eine Herausforderung bestanden habe; in einem kurzen, vielleicht heimlichen Augenblick Gott loben dafür, dass er da ist und ich ihm vertrauen darf …

Sprache der Seele

Träume – Sprache der Seele

Der junge Franziskus ist alles andere als ein Heiliger. Er ist beliebt, genießt das Leben in vollen Zügen, sucht ehrgeizig nach dem großen Ruhm als Ritter und will im Krieg beweisen, dass er Großes vollbringen kann. Doch er wird krank, kann nichts von den hoch fliegenden Plänen umsetzen. Ein Gefühl von Ohnmacht beschleicht ihn, er weiß nicht, wie es weitergehen soll. Er sieht keinen Sinn und kein Ziel. In seine tiefe Ratlosigkeit hinein wird Franziskus ein Traum geschenkt. Dieser zeigt ihm, dass er zurückkehren soll nach Assisi, um dort einem anderen Herrn als dem Grafen von Gentile zu dienen. Franziskus versteht diesen Traum nicht sofort, aber ganz langsam wächst im Verborgenen seine Einsicht: Der Schatz, den er finden soll, ist das Evangelium, hier wird er seine Art von Reichtum und Ehre entdecken. Sein Herr will Jesus selber sein.

Dieser Traum ist der Beginn einer tiefgreifenden Wandlung. Er stellt alles auf den Kopf. Oft sind es Krisen, die uns verunsichern und ratlos machen, aber die einen neuen Weg bahnen, genauer auf die Stimme der Seele zu hören. Es fasziniert mich, dass Franziskus seinem Traum glaubt und sich auf dessen innere Botschaft einlässt, auch wenn er nicht gleich begreift. Ob nicht auch die eigenen Träume manchmal Hinweis sind, dass sich in meinem Leben etwas Neues zeigen will …?

Mit neuen Augen sehen

Die innere Krise in seiner Jugend löst bei Franziskus eine heftige Suchbewegung aus. Sie dauert mehrere Jahre. Was ihm ursprünglich wichtig war, Reichtum, Ruhm und Ehre, das verändert sich durch seinen Traum und durch das Evangelium. Sein ganzes Weltbild wird auf den Kopf gestellt. Was ihm groß vorkommt, wird plötzlich klein. Was ihn abstößt und worüber er die Nase rümpft, das lernt er annehmen und lieben. Unvorstellbar! Manchmal sind es einzigartige Erfahrungen, die alles verändern. So ergeht es Franziskus in der Begegnung mit dem Aussätzigen: Er überschreitet die Grenze des Gewohnten und tritt hinaus in das „feindliche Anderssein". Er ahnt, dass der Aussätzige sein Bruder ist, dass der ein lebendiges Herz und ein Gesicht hat. Manchmal passiert auch in meinem Leben etwas, das alles auf den Kopf stellt. Da spüre ich: Ich muss meine Vorurteile, meine festen Meinungen und Prinzipien, mein Bescheid-Wissen loslassen und über das Gewohnte hinausgehen. Das tut weh, ist zuerst fremd, aber es macht auch weit und öffnet meine Augen. Vielleicht gibt es in dieser Woche Gelegenheit, die Routine meines Alltags neu wahrzunehmen, die Situationen, die mir schwer fallen, die Menschen, an denen ich mich stoße ... Kann ich mit einer anderen „Brille" darauf schauen, und sogar neue Perspektiven entdecken, die mich weiter bringen?

Unbequem

Manchmal treffen Menschen radikale Entscheidungen. Die anderen stehen kopfschüttelnd da und verstehen die Welt nicht mehr. Franziskus, der doch materiell alles hat, was er sich nur wünschen könnte, macht „Nägel mit Köpfen“: Sein Herz ist so erfüllt von der Erfahrung des Evangeliums, dass er nicht mehr anders kann: Er entscheidet sich für ein armes, einfaches Leben. Und macht einen radikalen Schnitt mit seiner Familie. Er möchte nicht mehr abhängig sein vom Geld seines Vaters. Will nicht mehr an das Glücksversprechen des Reichtums glauben. Will überhaupt ganz andere Dinge in seinem Leben wichtig sein lassen: Barmherzigkeit, Einfachheit, ein demütiges Herz, Freiheit, Gottesliebe ...

Man fragt sich, ob er das nicht ein bisschen sanfter hätte umsetzen können. Aber er spürt wohl im Innersten: Den Weg, den ich jetzt beginne, kann meine Familie nicht nachvollziehen. Ich bin nur frei, wenn ich mit dem Vergangenen breche. Das braucht Mut und Vertrauen. Und setzt voraus, dass ich bereit bin, andere zu enttäuschen, missverständlich zu sein, mich nicht wirklich erklären zu können.

Manchmal gibt es Situationen, in denen ich Farbe bekennen, unbequeme Entscheidungen treffen muss. Die Familie, die Menschen, die mir besonders nahe sind, verstehen das oft am wenigsten. Das hat Franziskus erlebt, das hat auch Jesus schon erfahren. Um ehrlich zu sein, gibt es dann keinen anderen Weg, als auf-zu-brechen, im doppelten Sinn des Wortes ...

Einsam – Gemeinsam

Der Bruch mit seiner Familie führt Franziskus zunächst in die Einsamkeit. Er versucht zu verstehen, auf welchen Weg ihn Christus ruft. Eine ganze Zeit lang bleibt er allein. Bestimmt kostet ihn das Kraft und manchen Zweifel. Einen neuen Weg zu gehen, den noch keiner so gegangen ist, das macht unsicher. Da gibt es viele offene Fragen, die keine schnelle Antwort bekommen. Aber Franziskus bindet sein Herz so eng an Jesus, dass das auch von anderen nicht unbemerkt bleibt. Sie spüren seine Leidenschaft, seine Güte, sein Strahlen, seine Lebendigkeit, und lassen sich anstecken von diesem Liebhaber Gottes. Die ersten Brüder schließen sich dem Mann aus Assisi an, sind fasziniert von seiner Lebensbotschaft: „Seien wir gütig, ahmen wir die Barmherzigkeit Gottes nach, haben wir keine Angst voreinander, verurteilen wir einander nicht!" Franziskus darf erleben, wie wertvoll es ist, das Evangelium in Gemeinschaft zu leben. Der Geist Gottes trennt nicht, sondern verbindet. Auch Clara schließt sich an und erkennt: „Niemand von uns kommt allein an sein Ziel. Ein unsichtbares Netz verbindet uns. Von unseren Schwestern und Brüdern erfahren wir, wohin Gott uns führen will." – Menschen können uns das Leben so schwer machen, aber sie sind zugleich der kostbarste Schatz, den wir finden, der unser Leben reich und froh macht, uns voranbringt und wachsen lässt ...

Absteigen

Absteigen tut keiner gerne. Nicht im Fußball, nicht im richtigen Leben. Wer absteigt, fällt auf die hinteren Plätze zurück, ist der Dumme, der Ausgegrenzte. Ein Aufsteiger zu sein, hört sich da schon viel besser an. Das wollen eigentlich alle. Als arrogant gilt allerdings der, der auf dem hohen Ross sitzt, sich über andere erhebt. Es gibt eben die da unten und die da oben, die Verlierer und die ewigen Sieger. So ist das im Leben und in unserer Gesellschaft, auch wenn wir offiziell keine Ständeordnung mehr haben wie im Mittelalter.

Als Franziskus dem Aussätzigen vor den Toren Assisis begegnet, da – so erzählt es die Dreigefährtenlegende – steigt er vom Ross herab. Das hätte er nicht tun müssen. Den Gulden, den er dem erbärmlichen Geschöpf gibt, hätte er auch von oben zuwerfen können. Wäre eine großzügige Geste gewesen. Dass er aber absteigt vom Pferd, zeigt, in welche Richtung ihn das Evangelium führt: nämlich auf Augenhöhe mit denen, die keiner will. Er begegnet dem anderen, ohne ihn zu beschämen oder klein zu machen. Das können nur Menschen tun, die aufrecht und demütig sind. In dieser Woche könnte ich einmal auf Situationen achten, in denen es darauf ankommt, vom hohen Ross zu steigen, von zu hohen Erwartungen, von meinen festen Bildern loszulassen ... und der Wirklichkeit liebevoll ins Auge zu schauen.

Berührbar bleiben

Berührbar bleiben

Als Franziskus den Aussätzigen sieht, steigt er nicht nur ab, sondern er küsst ihn sogar. Wie mag ihm da zumute gewesen sein? Ob es ihn Überwindung gekostet hat? Oder konnte er frei und offen auf den Mann zugehen, weil er in ihm einfach den Bruder erkannt hat? Es ist ein ganz starkes Zeichen, das mehr als alle schönen Worte wirkt. Wer küsst, sagt auf eine besondere Weise JA zum anderen. Wer berührt, der spürt den anderen mit Haut, Hand und Herz. Und lässt sich spüren. Da entsteht eine „hautnahe" Beziehung, die heilt und stärkt und aufblühen lässt.

Wer berührt, zeigt, dass er nicht stumpf durchs Leben geht: Er sieht die Not eines anderen, seine Ausstrahlung, seine Einmaligkeit. Im Berühren liegt jedoch auch das Risiko, zu verletzen und verletzt zu werden. Wer sich nicht geachtet fühlt, wer verwundet worden ist, der zieht sich zurück und baut einen Panzer um sich. Es gibt Pflanzen, die sich einrollen, wenn sie berührt werden. Die Schnecke zieht sich in ihr Haus zurück. Menschen, die schon Schlimmes erlebt haben, brauchen oft lange, bis sie wieder Nähe und Vertrauen zulassen können.

Berühren ist eine Kunst, eine Kultur. Wie berühre ich andere mit meinen Worten, meinen Händen, meinen Gesten, Menschen, die ich pflege, die mir anvertraut sind, die mir begegnen ...?

Mich selber annehmen

Aus der Begegnung des Franziskus mit dem Aussätzigen lerne ich noch etwas anderes. Wer sich selber feind ist, kann schwerlich andere lieben. Eine einfache Wahrheit, die oft mühsam umzusetzen ist. Ich darf nicht nur den „Aussatz" des anderen annehmen, sondern auch das akzeptieren, was ich an mir selber oft nicht mag. Es gibt ja in jedem Menschen Verhaltensweisen, auf die er stolz ist, und solche, die er gerne unter den Teppich kehrt: Neid, Wut, Aggression, Minderwertigkeit, Schwäche, Angst, Habgier, Konkurrenz, Machtgefühle ... Weil wir das nicht zulassen wollen, verstecken wir diese Gefühle und machen vor ihnen die Augen zu. Der Alltag zeigt, dass sie dann auch im Stillen weiterwirken und ihr Unwesen treiben. Je mehr ich dagegen ankämpfe, umso hartnäckiger verfolgen sie mich. Es gibt ein schönes Wort in der Theologie, das sagt: „Nur was ich angenommen habe, kann verwandelt werden." Wenn ich es an der Hand Jesu lerne, wie Franziskus ehrlich auf mich selbst zu schauen, weil ich von Gott schon liebe- und verständnisvoll angeschaut bin, dann darf auch ich mich annehmen und mir selbst zum Freund werden. Ich versuche diese Woche einmal, beim Blick in den Spiegel mir selbst ein freundliches Wort zu sagen, und das liebevoll zuzulassen, was ich an mir so oft auszusetzen (Aus-satz!) habe ...

„Du bist die Freude"

Ein kleines Stück Pergament in Assisi zeigt, wie hingerissen glückselig Franziskus über den Glauben an seinen Herrn ist. Wie ein Verliebter notiert er mit eigenen Händen: „Du bist die Schönheit. Du bist die Freude. Du bist all unser Reichtum zur Genüge, Du bist unsere ganze Wonne." Es fasziniert mich an diesem Heiligen, dass er kein Buchhalter und Verwalter von irgendwelchen Glaubenstheorien ist. Dass ihn der Glaube nicht griesgrämig, bigott oder rechthaberisch macht, sondern von Herzen froh und frei. Auch wenn dieser Glaube manchmal schwach, ratlos und voller Fragen ist, so ist Franziskus doch erfüllt von der Überzeugung, dass sein Herr da ist in allen Situationen des Lebens.

Wir sehen oft nur das Schwierige am Glauben, vielleicht auch kommt er uns langweilig, altmodisch oder unverständlich vor. Ostern kann mir die Augen öffnen für die Schönheit und die Freude, die in unseren Gottesdiensten und Feiern in diesen Tagen zum Klingen und Schwingen kommen. Franziskus lädt ein, mich daran zu freuen, dass ich glauben darf, dass ich mein ganzes Leben – egal, wie gelungen oder problematisch – in den Glanz Gottes stellen darf; das Leuchten der Auferstehung will meinen Weg hell machen und zum Strahlen bringen ... Woran freue ich mich von Herzen?

Gemeinschaft

Kraft der Gemeinschaft

Eines vom Wertvollsten, was es gibt, ist es, mit meinen Gedanken, Fragen und Einsichten nicht allein zu bleiben, sondern sie mit anderen teilen zu dürfen. Franziskus bleibt nicht lange allein mit seiner Glaubenserfahrung. Eine Gemeinschaft wächst, die zwar nicht vollkommen und fehlerfrei ist, aber voller Leben und Möglichkeiten steckt. Schon zu zweit und zu dritt wird das Leben reicher und schöner. So lässt sich Franziskus faszinieren vom Bild einer geschwisterlichen Gemeinschaft, die sich um das Evangelium schart und das zu tun versucht, was Jesus den Jüngern aufträgt. Das war und ist die Grundidee von Kirche. Mir wird bewusst, dass der Glaube früher und heute kein Alleinunternehmen war und ist, auch wenn er etwas sehr Persönliches, ja Intimes für jeden Menschen darstellt. Wir wagen es selten, darüber zu sprechen, was uns der Glaube bedeutet. Vielleicht fehlen die Worte, vielleicht schämen wir uns. In einer Austauschrunde kürzlich erzählten Mitarbeiterinnen und Mitarbeiter von Menschen, die ihren Glauben geprägt haben, für die sie heute dankbar sind. Das war bewegend. Auch der eigene Glaubensweg braucht andere, die von ihrem Glauben, Hoffen, Lieben, Suchen und Vertrauen erzählen. So wächst eine Gemeinschaft von besonderer Qualität. Habe ich zwei oder drei Menschen, mit denen ich so persönlich über das, was mir heilig ist, sprechen kann?

Sprengkraft

Sprengkraft des Friedens

Aus der Sanftmut des Franziskus, aus seinem Einfühlungsvermögen und seiner Solidarität mit allem, was lebt, wächst eine wunderbare Friedfertigkeit. Sein Weg zum anderen geht über die Übung der eigenen „Entfeindung": Er versucht die konkreten Situationen, die Menschen, die Umstände, die oft so widerspenstig daher kommen, liebevoll anzunehmen. Der tragende Grund dafür ist seine Gottesbeziehung. Und die nüchterne Erkenntnis: Ändern kann ich nur meine eigene Einstellung und Haltung, mein eigenes Herz. Nie das des anderen. Franziskus meint keinen faulen Frieden, der Konflikte unter den Teppich kehrt. Es geht um ein Mehr an Liebe. Seine Sehnsucht nach Frieden beginnt mit dem Verzicht auf Rache, Zurückschlagen, Verurteilen, Abwerten. Versöhnungsbereit bleiben, auch wenn der andere ihm quer kommt, ihn herausfordert. Das ist anstrengend, unbequem und so umstürzend anders, als was sonst so „normal" ist. Ich lese bei Franziskus: „Selig der Mensch, der seinen Nächsten in seiner Unzulänglichkeit genauso erträgt, wie er von ihm ertragen werden möchte." Und: „Selig der, der nichts über seinen Bruder hinter seinem Rücken sagen würde, was er nicht in Liebe in seiner Gegenwart sagen könnte." Was vielleicht ein bisschen fromm klingt, zeigt sich hoch spannend im Alltag. „Entfeindung von innen": Was könnte das in dieser Woche für mich bedeuten?

Prophetischer Widerstand

Der Friede des Heiligen Franz bedeutet nicht „Friede, Freude, Eierkuchen". Keine „Harmoniesoße", die er über alles schüttet, weil es dann schöner aussieht. Es ist ein Friede, der den ehrlichen und kritischen Blick wagt. Es ist ein mühevoller Weg über viele Hindernisse hinweg. Franziskus macht sich unbeliebt, er nennt beim Namen, was falsch läuft. Denn auch in seiner Zeit gibt es zahlreiche Missstände in Gesellschaft und Kirche. Besonders schmerzt ihn die Tatsache, wie weit sich die Kirche vom Evangelium entfernt hat: Es ist eine Kirche, die an die erste Stelle Reichtum und Macht setzt, die Gehorsam von den Gläubigen verlangt, ohne selbst nach den Geboten zu handeln, eine Kirche, die zunehmend sich selbst genügt und kein echtes Mitgefühl für die Not der Menschen zeigt. Franziskus lässt sich weder von Angst und Enttäuschung lähmen, noch kehrt er ein- für allemal der Kirche den Rücken. Er begreift, dass er Gemeinschaft nur von innen her verändern kann und sucht das Gespräch mit den Kirchenleuten. Papst Innozenz III. erkennt in Franziskus einen Propheten, den die Kirche notwendig braucht. Der aus Leidenschaft und Treue an dieser so fehlerhaften Gemeinschaft festhält und sie wieder neu aufbauen will.

Herumnörgeln, schlecht reden und dann verwerfen – das ist heute üblich geworden. Viel schwieriger ist es, Kritik aufbauend und wertschätzend zu äußern. Viel schwieriger ist es, bei einer Sache zu bleiben, auch wenn sie unvollkommen ist. Hab ich den Mut zu aufbauend-kritischen Tönen, auch wenn sie unbequem sind, ich mich vielleicht unbeliebt mache?

Du bist bei mir!

„Du bist bei mir!"

Wenn ich einen Menschen liebe, mit ihm sehr verbunden bin, dann wird meine Zuneigung bunt und vielfältig. Ich suche das Gespräch, ich erzähle von mir und interessiere mich dafür, was der andere zu sagen hat. Mit kleinen Geschenken, kurzen Mitteilungen, guten Wünschen verwöhne ich den Freund, die Freundin und lasse ihn, sie wissen: Du bist mir kostbar. Liebe wird erfinderisch, nur so bleibt lebendig, was sonst vertrocknet. Franziskus ist ein Liebhaber der Menschen, und er liebt Gott von ganzem Herzen. Seine Gottesliebe bleibt nicht im Kopf stecken, sondern rutscht in Mund und Herz, bekommt Hand und Fuß. Wenn er betet, spürt man: Seine Worte bleiben nicht an der Oberfläche, sondern kommen aus der Seele eines Liebenden. Beten bedeutet für ihn: In den Worten zu wohnen, die Nähe Gottes zu suchen. Sein kürzestes Gebet heißt: DU! Seine Brüder ermahnt Franziskus, in jeder Lage zu beten, nicht als moralische Pflicht, nicht als Geplapper, sondern um das Feuer der Zärtlichkeit am Brennen zu halten. Sprache der Sehnsucht, der Dankbarkeit, des Trostes!

Ich kann es diese Woche einmal ausprobieren: In kurzen Momenten den Blick nach innen wenden, zwischen den Schulbüchern, den Kochtöpfen, den Akten und Rechnungen kurz die Augen schließen und mir bewusst machen: Du bist bei mir!

Von Worten leben

Von Worten leben

Wir Menschen sind nicht nur Lebewesen, sondern auch „Lesewesen“. Das Lesen gehört bei den meisten zum festen Bestandteil des Alltags. Viele Worte und Informationen umschwirren uns, und es ist die Frage, ob mich das, was ich täglich so lese und höre, wirklich erreicht. Die Soziologen sagen, wir leben in einer Zeit der Überkommunikation. Es wird viel geredet, aber wenig Wichtiges gesagt. Viele Worte und Gedanken vergesse ich sofort wieder, andere bleiben mir hängen, beschäftigen oder begleiten mich. Ein gutes Wort zur rechten Zeit kann Wunder bewirken, es kann mich trösten, ermutigen, korrigieren, herausfordern.

Für Franziskus war die Sprache wichtig, nicht bloß ein Nebengeräusch unter anderen. Er war vertraut mit dem Wort Gottes, er hat viel im Evangelium gelesen. Es wurde ihm zum Lebensbuch. Als er in einer Krise steckt, da bittet er seinen Herrn, ihm zu zeigen, was er tun soll. Er entdeckt die Zeilen, die von der Aussendung der Jünger erzählen, von ihrer Nachfolge Jesu. Und lässt sich tief berühren: „Das ist es, was ich suche.“

Welche Worte von welchem Menschen sind mir wichtig? Bei wem höre ich besonders gut hin? Gibt es Sätze und Gedanken, die ich mir abends vielleicht noch aufschreibe, weil sie mich angerührt haben? Und: Kenne ich Worte des Evangeliums als Lebenshilfe für mich?

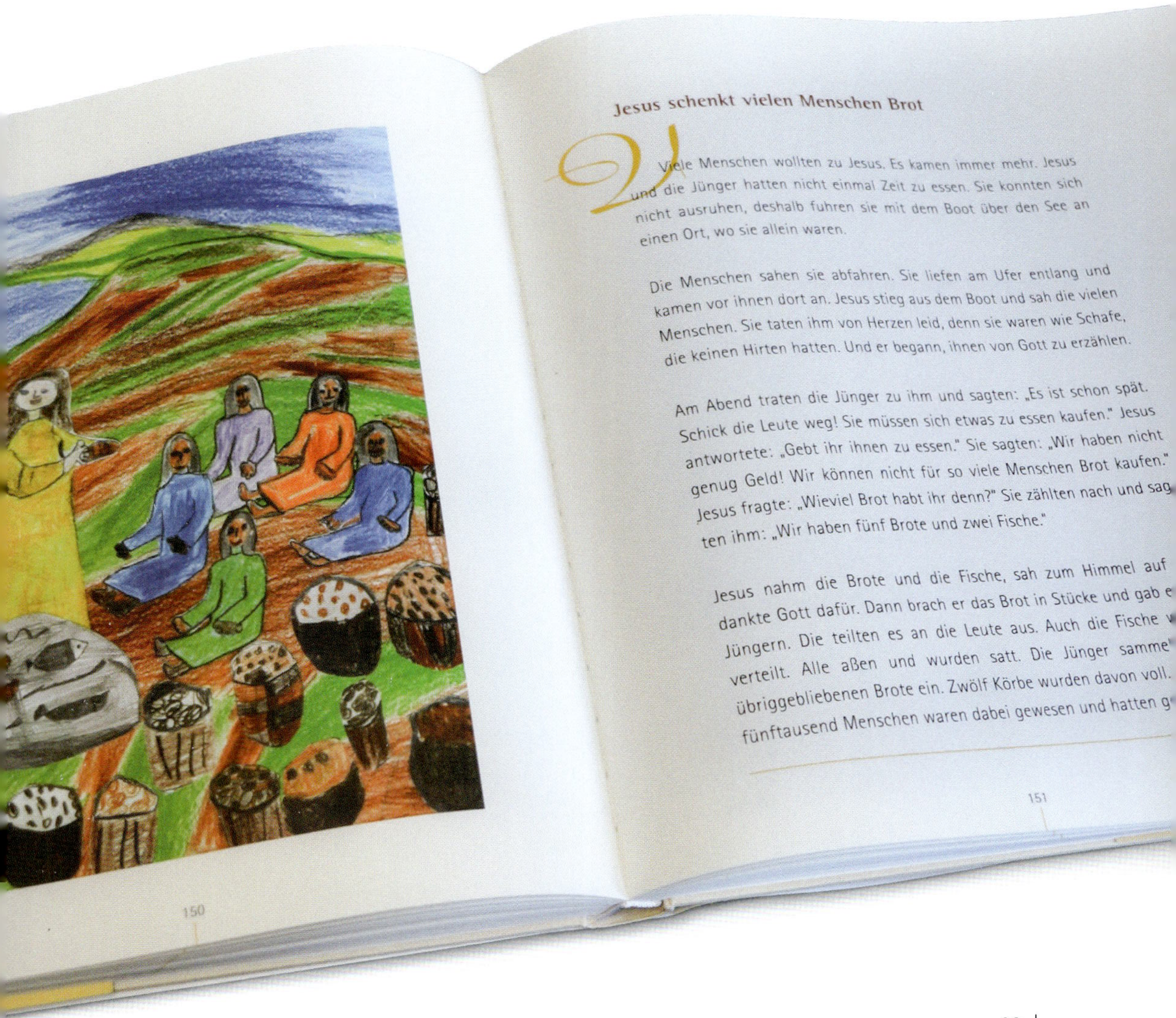

Jesus schenkt vielen Menschen Brot

Viele Menschen wollten zu Jesus. Es kamen immer mehr. Jesus und die Jünger hatten nicht einmal Zeit zu essen. Sie konnten sich nicht ausruhen, deshalb fuhren sie mit dem Boot über den See an einen Ort, wo sie allein waren.

Die Menschen sahen sie abfahren. Sie liefen am Ufer entlang und kamen vor ihnen dort an. Jesus stieg aus dem Boot und sah die vielen Menschen. Sie taten ihm von Herzen leid, denn sie waren wie Schafe, die keinen Hirten hatten. Und er begann, ihnen von Gott zu erzählen.

Am Abend traten die Jünger zu ihm und sagten: „Es ist schon spät. Schick die Leute weg! Sie müssen sich etwas zu essen kaufen." Jesus antwortete: „Gebt ihr ihnen zu essen." Sie sagten: „Wir haben nicht genug Geld! Wir können nicht für so viele Menschen Brot kaufen." Jesus fragte: „Wieviel Brot habt ihr denn?" Sie zählten nach und sag ten ihm: „Wir haben fünf Brote und zwei Fische."

Jesus nahm die Brote und die Fische, sah zum Himmel auf dankte Gott dafür. Dann brach er das Brot in Stücke und gab e Jüngern. Die teilten es an die Leute aus. Auch die Fische v verteilt. Alle aßen und wurden satt. Die Jünger samme übriggebliebenen Brote ein. Zwölf Körbe wurden davon voll. fünftausend Menschen waren dabei gewesen und hatten g

150

151

Heilende Orte

So sehr Franziskus die Menschen liebt und gerne bei ihnen ist, um ihnen gut zu sein und ihnen zu helfen, so wichtig ist es für ihn, sich immer wieder in die Einsamkeit zurückzuziehen. Seinen ganzen Lebensweg begleiten bestimmte Orte, Klausen, kleine Kapellen, Höhlen und Waldstücke, die ihm heilig sind, weil sie ihn in Berührung bringen mit der Stille in sich. Hier kann er beten, sich ausruhen, den Frieden spüren, die Schöpfung wahrnehmen, das Lob Gottes singen, hier kann er auch klagen, ringen und seinen Tränen manchmal freien Lauf lassen, ohne dass er sich anderen erklären muss. Erst in der Stille melden sich die vielen Regungen und Gefühle seines Herzens. Er sucht die Zwiesprache mit seinem Herrn, der sich ihm gerade in der Einsamkeit naht.

Heraustreten aus allem, was mich fordert, die Routine unterbrechen, dem permanenten Lärmpegel einmal die Stille entgegensetzen – das alles kann heilsam sein. Es kann mir zeigen, wie sehr die Dauergeräusche des Alltags erschöpfen und stumpf machen. Ich kann einmal überlegen, ob es auch in meinem Leben Orte des Rückzugs gibt, die mir helfen, wieder bei mir selbst und bei Gott anzukommen. Ein schattiger Waldweg, eine mir lieb gewordene Kirche, ein weiter Blick vom Berg aus, eine Ecke in meinem Garten, mein persönliches Zimmer, eine bestimmte Bank am See, ein uralter Baum ...

Schauen

Schauen und angeschaut werden

Wussten Sie, dass die Worte „schön" und „schauen" eine gemeinsame Wortwurzel haben? Das Schöne sieht nur der, der die Kunst des Schauens gelernt hat. Schauen bedeutet, nicht oberflächlich und gehetzt über etwas hinwegsehen, sondern betrachten und verweilen. Zeit haben und schauen. Wie Kinder – mit offenem Mund und staunenden Augen. Die Dinge wirken lassen und nicht gleich beurteilen. Diese Pfingstrose: wenn ich sie einfach anschaue, sie nicht analysiere, bewerte, korrigiere, oder gar breche, kann sie mich anrühren. Ihr Bild erzählt mir von der Vollkommenheit und der Vergänglichkeit des Daseins. Und so kann es passieren, dass das, was ich anschaue, allmählich auch mich anschaut, und eine geheimnisvolle Zwiesprache beginnt. Das schauende Verweilen – Kontemplation nennen es die geistlichen Meister.

Für Franziskus ist dies nicht nur eine Gebets-, sondern eine Lebenshaltung, die er immer wieder einübt. Auf die Welt, auf Christus zu schauen und sich selber anschauen zu lassen – wie z.B. im Kreuz von San Damiano, das öffnet ihn für die Kraft des Heiligen Geistes, seine sprühende vielfältige Lebendigkeit. Franziskus ist ein Liebhaber des Geistes. Er vertraut, dass jeder Mensch, so arm und schlicht er sein mag, sich von dieser Schöpferkraft begeistern und locken lassen kann.

Brot und Wein

Obwohl auch in der Kirche seiner Zeit vieles falsch läuft, hält Franziskus in großer Treue an ihr fest. Vor allem in der Eucharistie, im Teilen von Brot und Wein, sucht und spürt er die Nähe Jesu. Er ermahnt und ermutigt seine Brüder und Schwestern, selbst immer wieder die Eucharistie zu feiern. Nicht um eine Pflicht zu erfüllen, nicht aus purer Gewohnheit, sondern um im sichtbaren Stückchen Brot etwas vom Geheimnis des unsichtbaren Gottes zu erfahren. Wie unser Leib Nahrung braucht, so lebt auch der Glaube von diesem Brot. Das feiern wir in jeder Messe und besonders am Feiertag Fronleichnam.

Warum brauchen wir das Geheimnis? Diese Frage können wir im Blick auf die Liebe gut beantworten. Die Liebe zwischen zwei Menschen zeigt sich in der Achtung des Geheimnisses, das jeder ist. Sie sagt: Eine glückliche Beziehung lebt nicht davon, dass zwei sich endgültig enträtselt haben. Dann wäre sie schon am Anfang zu Ende. Und so bedeutet Eucharistie: Danksagen für die Liebe, sich miteinander auf den geheimnisvollen, abenteuerlichen Weg des Glaubens wagen. Gott lässt sich nicht enträtseln, seine Nähe bleibt ein Geheimnis.

Ich kann bei der nächsten Messe, an der ich teilnehme, einmal darüber nachsinnen, was mir persönlich dieses Stückchen Brot der Eucharistie bedeutet, was ich spüre, wenn ich Jesus empfange ...

Anziehend und frei

Franziskus gewinnt nicht nur Mitbrüder für seinen Weg. In Clara von Assisi findet er auf unerwartete Weise eine besondere Gefährtin, die sich mutig und unerschrocken dem Weg der Armut verpflichtet. Clara ist fasziniert vom jungen Franz. Sie entfaltet, gegen die Widerstände ihrer Familie, die weibliche Seite des franziskanischen Lebens zusammen mit anderen jungen Frauen. Zwischen Franz und Clara gibt es eine bleibende Anziehung, eine Seelenverwandtschaft, die sie nicht exklusiv für sich behalten, sondern fruchtbar werden lassen für viele. Es macht den Heiligen so menschlich, dass auch er die Erfahrung von Wärme, Nähe, Verständnis, Freundschaft braucht, um seine Jesus-Nachfolge leben zu können. Beide Freunde stützen und ermutigen sich gegenseitig, wenn es schwierig wird, und geben einander doch in Respekt und Ehrfurcht frei. Von dieser Art zärtlicher Liebe geht bis heute ein besonderer Zauber aus.

Ob es auch einen Menschen in meinem Leben gibt, dem ich mich so nah und seelenverwandt fühle? Mit dem ich Ideale, Erfahrungen, Empfindungen teile? Der mir mit Zuneigung, Anteilnahme und Respekt begegnet? So ein Mensch ist ein Geschenk. Ich kann Gott darum bitten. Oder dem Freund, der Freundin in dieser Woche einmal ein besonderes Zeichen der Verbundenheit und Nähe schenken …

Bruder Leib

Bruder Leib

Wer die Schlafstätte des heiligen Franziskus in der Einsiedelei Carceri sieht, der erschrickt: Der nackte grobe Fels zeigt sich da, und man kann es sich kaum vorstellen, dass hier ein Mensch liegen, geschweige denn schlafen kann. Franziskus lebt eine Strenge und Askese, die uns Heutigen befremdlich und leibfeindlich erscheint. Und tatsächlich: Auch damals schon hatten seine Mitbrüder Probleme mit dieser radikalen Haltung. Franziskus ringt lange darum, wie er mit der Bedürftigkeit seines Leibes umgehen soll: mit dem Hunger, der Müdigkeit, der Sexualität und Zärtlichkeit. Erst spät wird er begreifen, dass auch der Leib des Menschen ein „Bruder" ist, der angenommen und geliebt sein will. Als er einmal starke Schmerzen hat, bittet er einen Gefährten, ihn mit Musik und einem schönen Vers zu trösten und aufzurichten.

Auch heute gibt es eine neue Leibfeindlichkeit, oft versteckt: Magersucht, Übergewicht, Doping, Höchstleistungen in Sport und Fitness, Risikosportarten, Schönheitsoperationen ... Ich kann mich fragen, wie es mir mit meinem Leib geht, wie meine Beziehung zu ihm ist, ob ich ihn mag oder ablehne, ob ich überhaupt spüre, was in ihm vorgeht; diese Woche kann ich einmal üben, meinen Leib bewusst wahrzunehmen, freundlich mit ihm umzugehen, für ihn zu danken ...

Ganz anders

Vieles wäre einfacher, wenn wir nicht so verschieden wären. Wenn der andere eben nicht so verflixt anders wäre als ich. Anders denkt, anders lebt, anders glaubt. Wenn er nur einfach ein bisschen mehr wie ich selber wäre. Und dann fangen wir an, den anderen ändern zu wollen. Geht aber meistens nicht! Was macht Franziskus? Er ist mutig und überschreitet immer wieder die Grenzen und Mauern des „Anders-Sein". In der Begegnung mit dem Sultan, der einen anderen Glauben hat, in einer ganz anderen Kultur lebt als er selbst, sieht er zuerst den Bruder und nicht den Feind (wie das zur damaligen Zeit üblich war). Franziskus wagt sich unbewaffnet in die Fremde, führt mit dem muslimischen Führer lange Gespräche. Der ist vom respektvollen Auftreten des Bettlers aus Assisi beeindruckt. Der unbewaffnete Auftritt des Franziskus hat im doppelten Wortsinn etwas „Ent-waffnendes".

Einander begegnen kann heißen: Die Unterschiedlichkeit aushalten und trotzdem zugewandt bleiben, den andern anders sein lassen, ohne „Waffen" auf ihn zugehen – ohne die Waffe der Überheblichkeit, der Besserwisserei, der schlagenden Argumente, der Drohgebärden, der Lautstärke, des Rechthabens ... Wie geht es mir selber mit dem, was mir fremd ist, was so ganz anders ist als ich?

Das gebrochene Herz

Kürzlich stolperte ich über eine bemerkenswerte jüdische Weisheit: „Nur ein zerbrochenes Herz ist ein ganzes Herz." Heißt „ganz sein" nicht heil, gesund und vollkommen sein? Unser Alltag zeigt sich oft angefüllt mit Enttäuschungen, die spüren lassen, wie bruchstückhaft das Leben ist. So vieles enttäuscht: Kollegen, Freunde, der berufliche Weg, die fehlende Karriere, Erwartungen zerbrechen, und wir sind auch von uns selbst manchmal so enttäuscht. Da spüren wir, wie viele Illusionen wir uns vom eigenen Leben machen. Und das tut weh. Wir sind dann frustriert, mutlos, fühlen uns getäuscht.

Auch Franziskus ist enttäuscht: Er leidet an seinem Unvermögen, er leidet an seinen Mitbrüdern, er leidet an seiner Kirche, er ist enttäuscht, dass seine Gemeinschaft nicht den Weg der radikalen Armut geht, so wie es für ihn wichtig wäre. Die Dinge entgleiten ihm immer mehr. Warum resigniert er trotzdem nicht? Ein wesentliches Wort seines Glaubens heißt: Tragen, ertragen. Von Franziskus lerne ich, dass ich die Enttäuschungen meines Lebens nicht wegmachen, verdrängen oder schön reden muss. Ich darf sie tragen und ertragen im betenden Vertrauen auf Gott. Ich kann ihm die Bruchstücke meines Herzens und meines Alltags immer wieder hinhalten, ihn um Mut bitten ...

Erleuchtung

Erleuchte die Finsternis!

Neben der Erfahrung der Stille spielt für Franziskus' Berufungsweg auch die Dunkelheit eine wichtige Rolle. Das Dunkle haben wir ja nicht gerne, es ängstigt und schreckt uns. Wir drohen die Orientierung zu verlieren und meiden es. Verdrängen, dass das Nachtdunkel genauso zum Leben gehört wie die Taghelle. Franziskus darf in der Begegnung mit den Aussätzigen eine tiefe Erfahrung machen. Als erfolgreicher Kaufmannssohn steigt er in die gesellschaftlichen Dunkelheiten Assisis hinab. Und gerade dort findet er unerwartet Klarheit und Licht. Ein Licht nämlich, das durch die Liebe und Solidarität Gottes mit dem leidenden Menschen aufscheint, das tröstet und wie in einen schützenden Mantel hüllt. Gott nimmt das Dunkel an, darum betet Franziskus in San Damiano: „Höchster, allmächtiger Gott! Erleuchte die Finsternis meines Herzens und schenke mir rechten Glauben, gefestigte Hoffnung und vollendete Liebe."

Wo sind die sozialen Schattenwelten heute? Meine ganz persönlichen Dunkelheiten mitten im Alltag? Kann ich glauben, dass Gott mir auch da ganz nahe sein will? Wenn ich mich dem Dunkel wahrhaftig stelle, die Trauer zulasse, die Gefühle der Einsamkeit, der Ohnmacht, der ungelösten Fragen, dann darf ich vertrauensvoll bitten: „Erleuchte, Herr, auch die Finsternis meines Herzens!"

Spieglein, Spieglein an der Wand …

Heute schon in den Spiegel geschaut? Und was haben Sie da gesehen? Ein Kollege antwortete kürzlich schmunzelnd auf diese Frage: „Ich sehe Gottes gute Schöpfung!" Auch wer nicht so selbstbewusst über sich denkt: Der Spiegel – so er nicht trüb ist – zeigt den, der da hinein schaut, ehrlich und ungeschminkt. Er beschönigt nichts, verändert nichts, hilft aber vielleicht zur Selbsterkenntnis. Der Spiegel hat selber kein eigenes Bild. Das ist seine Armut, aber auch seine Möglichkeit.

Für die heilige Clara ist der Spiegel mehr als ein Schönheitsmittel, sie betrachtet ihn als geistlichen Gegenstand. Zum einen hilft er zur nüchternen Erkenntnis: Ja, das bin ich. Nicht mehr, aber auch nicht weniger. Zum anderen sieht sie im Freund Jesus eine Art Spiegel, in den sie täglich hineinschaut und an dem sie ihr eigenes Dasein immer wieder überprüft. Und sie schreibt ihren Schwestern: „Höre und staune! Du selbst sollst ein Spiegel sein!" Ein Spiegel, der das Gute und Schöne widerspiegelt, die Liebe und die Freude, die Hingabe und auch den Schmerz der Welt.

In welchen Spiegeln betrachte ich mich? Dem Spiegel der Leistung und Anerkennung, dem Spiegel der Mode und des In-Seins, dem Spiegel der Perfektion, dem Spiegel der Menschenfreundlichkeit und Güte? Ich schaue diese Woche einmal ganz bewusst in den Spiegel.

Barfuß gehen

Barfuß gehen. Den Untergrund spüren. Weich, hart, steinig, schmeichelnd. Wer barfuß geht, setzt sich der Erde aus. Er kommt in Kontakt mit dem Boden, mit dem, was trägt. Er wird auf besondere Weise feinfühlig.

Franziskus ist ein Leben lang viel gelaufen, barfuß. Er will nicht reiten, nicht fahren, wie das die Reichen und Angesehenen seiner Zeit tun. Lieber die Berührung mit der Erde spüren und der Langsamkeit trauen. Der Boden (humus) führt ihn zu seiner Menschenliebe, seinen Grenzen und seinen Stärken. Seine Menschlichkeit (humanitas) bereitet den Weg zur Tugend der Demut (humilitas). Das Gehen ist das ihm gemäße Tempo. Wer unbequemes Schuhwerk trägt, wer rennt und eilt, der verliert den Bezug zu seinem tragenden Grund. Das Barfußgehen von Franziskus und seinen Brüdern ist keine verrückte Idee, sondern Weisheit.

Einfach mal ausprobieren: Wenn ich wieder mal in meinem Kopfkarussell feststecke, wenn ich nicht weiterkomme, ich den Ärger und die Fragen nicht lösen kann, dann die Schuhe ausziehen, die tragende Kraft von unten erfahren. Ganz bewusst den Boden suchen. Ein Meister hat gesagt: Gott ist mehr unten als oben. Und der Dichter weiß: „Die im Herzen barfuß sind", die sind sensibel unterwegs und haben einen anderen Blick auf das Leben.

S PAUPTAS

Herrin Armut

Herrin Armut

Ein Hochzeitsbild des Heiligen Franziskus, wo gibt es denn so etwas? Wo doch jeder weiß, dass er keine Frau hatte! Und doch! Wer die Fresken über dem Altar der Unterkirche von San Francesco in Assisi betrachtet, dem fällt eine „Braut" auf, um deren Hand Franziskus anhält. Eine Dame, weiß gekleidet, aber in deutlich geflicktem armseligen Gewand. Es ist die von Franziskus so viel geliebte „Herrin Armut", der er sich mit seinem ganzen Leben verschreibt. Warum tut er das nur? Will er provozieren? Der reichen Kirche den Spiegel vorhalten? Ist er verrückt geworden? Franz hat erkannt: Besitz ist zwar verlockend und schön, er wertet mich vielleicht auf, aber er fesselt auch das Herz, bindet Kräfte, er fordert Aufmerksamkeit und Verpflichtung. Er verführt zur Habgier und zu einem engen egoistischen Herzen, das nie genug bekommt. Die Freiheit des Franziskus in diesen Dingen hat etwas Befremdlich-Bezauberndes.

Wie geht es mir eigentlich mit meiner Habe? Brauche ich all die Dinge, die mich umgeben? Machen sie mich wirklich froher und freier? Der beste Weg, das herauszufinden: Sich immer mal wieder von etwas lösen, trennen, etwas teilen, verschenken. Klein anfangen: Eine CD, ein Buch, ein Kleidungsstück, Bilder. Ganz praktisch, ganz materiell, ganz konkret. Um frei zu werden für das, was wirklich wichtig ist ...

Einfachheit

Es gibt eine Armut, die großes Unrecht ist und die bekämpft werden muss, weil sie Menschen um das Leben mit seinen Möglichkeiten bringt. Es gibt auch eine „gesegnete Armut". Franziskus hat sie nicht nur materiell und sichtbar gelebt, sondern auch ihre inneren Gesichter kennen und lieben gelernt. Er nennt sie die „Gefährtinnen" der Schlichtheit und Einfachheit. Und meint damit eine Armut des Herzens und des Geistes, die in die Freude und ins Vertrauen führt.

Spüre ich manchmal, dass ich arm bin? In welchen Situationen komme ich damit in Berührung? Die Armut, keine Lösungen auf drängende Probleme zu wissen, die Armut, nicht die richtigen Worte zu finden, die Armut, mit meinen Gedanken und Fragen allein da zu stehen, die Armut meiner Unzulänglichkeit, die Armut, einem mir anvertrauten Bewohner nicht gerecht zu werden, die Armut, mich nicht aussöhnen zu können mit Verwundungen meiner Geschichte ... Die Armut hat viele Gesichter.

Franziskus vertraut diese Armut immer wieder Gott an, so verliert er allmählich die Angst, alles alleine können zu müssen; verliert die Panik, selber zu kurz zu kommen. Wird empfänglich für Gottes Gaben, die reicher machen als alles, was er selbst zu leisten und verdienen versucht. Das einfache Herz kann dabei helfen ...

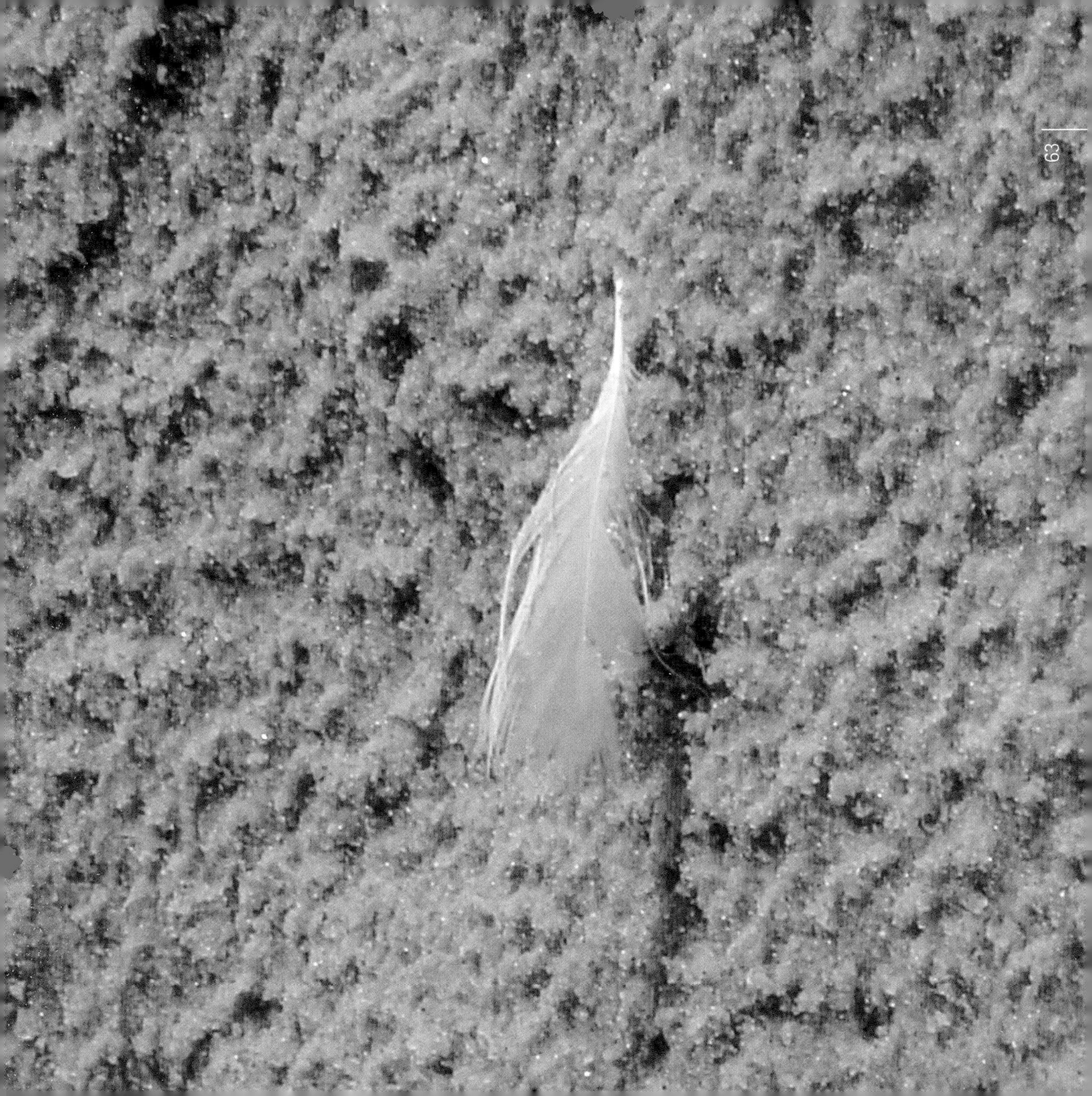

Mit Jesus auf Du

Man sagt ja, dass Menschen, die sich lieben, sich im Lauf eines Lebens immer ähnlicher werden. Und ein geistliches Grundwort formuliert: „Was man liebt, das wird man." So eng rückt uns die Liebe auf den Pelz, so hautnah kommt uns das zu, was wir lieben und wonach wir Sehnsucht haben. Das ist nicht anders mit einem lebendigen Glauben. Woran ich glaube, das beginne ich mehr und mehr zu lieben. Vielleicht ist es sogar umgekehrt? Das erfährt Franziskus bis zu seinem letzten Lebenstag. Er lässt sein Leben von diesem Jesus und dessen Botschaft so radikal prägen, dass er immer mehr mit dem Mann aus Nazareth zusammenwächst. Am stärksten kommt diese Nähe zum Ausdruck, als Franziskus gegen Ende seines Lebens in La Verna die Wundmale Jesu empfängt, die Zeichen des Kreuzes. Seine Mitbrüder entdecken die Spuren an den Händen und Füßen, als Franziskus schon auf dem Totenbett liegt. Und sie begreifen: Franziskus hat sich ein Leben lang verwunden und berühren lassen von der vielfältigen Not der Menschen. Er tritt nicht als starker, erfolgreicher und siegessicherer Held von der Bühne des Lebens ab, sondern als verwundeter, zutiefst menschlicher, mitleidender Bruder. Das macht Franziskus bis heute so berührend anziehend - und auch ein wenig befremdlich. Denn jede Liebesgeschichte zwischen Gott und Mensch bleibt letztlich ein Geheimnis ...

Ende und Anfang

Ende und Anfang

Es wird erzählt, dass Franziskus am Ende seines Lebens seine Mitbrüder im Blick auf das Evangelium aufgefordert haben soll: „Brüder, fangen wir an – bis jetzt haben wir noch gar nichts getan!" Franziskus ruht sich nicht selbstzufrieden auf seiner Leistung aus, sondern bleibt Anfänger bis zum Schluss. Das ist erstaunlich, das ist gewiss auch realistisch. Immer wieder anfangen: Das bedeutet zu wissen, dass nichts vollkommen ist, was bis dahin geschafft wurde. Es heißt aber auch, aus dem langen Atem der Hoffnung leben: Was heute noch nicht ist, kann morgen werden. In vielen kleinen Schritten, in vielen kleinen Anfängen.

Es ist ein ermutigender Gedanke für uns Heutige. Nach der intensiven Beschäftigung mit dem Leben dieses ungewöhnlichen Heiligen sagt uns Franz jetzt: „Ich habe das Meine getan, was Euer ist, möge Euch Christus lehren." Er entlässt uns sozusagen in unsere Zeit hier und heute. Wir sollen Franziskus nicht nachahmen – das würde auch gar nicht gehen. Aber wir können immer wieder anfangen und uns anregen lassen von seiner Lebensgeschichte, von seinen Gebeten und Liedern, von seinem Glaubensmut und Gottvertrauen. Dann entsteht eine Kette der Verbundenheit, die durch die Jahrhunderte trägt und uns für unseren eigenen Weg frei gibt. Fangen wir also an, mit Lust und neuen Ideen ...

Zur Autorin

Dr. Elisabeth Thérèse Winter, geb. 1963 in Dillingen/Donau;
Diplomtheologin, Pastoralreferentin, Promotion über die Spiritualität von Simone Weil, seelsorgliche Erfahrungen in Schule, Pfarreiarbeit, Erwachsenenbildung und Klinikseelsorge.
Seit 2013 als theologische Referentin für die Mitarbeiterinnen und Mitarbeiter der Regens-Wagner-Stiftungen mit Sitz in Dillingen tätig.

Impressum

Herausgeber
© Regens-Wagner-Stiftung Dillingen, Direktion,
Kardinal-von-Waldburg-Straße 1, 89407 Dillingen a.d. Donau

Texte Dr. E. Thérèse Winter

Bildmaterial
Bernadette Wecker-Kleiner (S. 7, 12, 31, 32, 35, 39, 40, 43, 44, 47/48 biblische Figuren gestaltet von Sr. Vita Breitsameter, 51, 52, 55, 56, 64 Franziskus vor dem Gekreuzigten von Sr. Animata Probst, 67), Rainer Remmele (S. 15, 19 Glasfenster in Rivotorto, Assisi, 28, 36, 59, 63), Provinzialat der Dillinger Franziskanerinnen (S. 16 Franziskus und der Aussätzige von Sr. Animata Probst), Regens Wagner Burgkunstadt (S. 8), Regens Wagner Zell (S. 11), Stefan Diller (S. 60 Fresko in San Francesco, Assisi), 123rf.com (Andriy Popov S. 20, Konstantin Pukhov S. 23, melpomen S. 24, Lorenz Timm S. 27), Fotolia (Smileus Titelfoto/Einband).

Redaktion Bernadette Wecker-Kleiner, Dillingen
Layout Ardensart, Augsburg
Koordination HummelMedien, Augsburg
Druck nab Druck, Horgau

1. Auflage Dillingen 2016
ISBN 978-3-00-052461-5

www.regens-wagner.de